Rau cov uas muab lawv txhais npab txhawb nqa kom peb pom deb pom dav dhau tus
ntug laj kab ntawm peb lub ntiaj teb.
—K.K.Y.

Txog rau Kab Lia, tus uas mus dhau puag saum cov ntsis ntoo los qhia nws zaj dab neeg
rau lub ntiaj teb.
—R.W.

Lus Txhais Hmoob: copyright © 2023 los ntawm Lerner Publishing Group, Inc.
Lub Npe Thaum Xub Thawj: *From the Tops of the Trees*
Txhais ua lus Hmoob los ntawm Zab Translation.

Txoj cai ua tswv rau cov ntawv © 2021 los ntawm Kao Kalia Yang
Txoj cai ua tswv rau cov duab © 2021 los ntawm Rachel Wada

Carolrhoda Books®
Tsab ntawv luam ntawm Lerner Publishing Group, Inc.
241 First Avenue North
Minneapolis, MN 55401 USA

Hais txog rau qib kev nyeem ntawv thiab cov lus qhia psub ntau ntxiv, mus nrhiav lub npe no tau ntawm
www.lernerbooks.com.

Daim duab hauv Lus Faj Seeb Ntawm Tus Neeg Sau los ntawm Chue Moua. Daim ntawv qhia los ntawm
Laura Westlund/Independent Picture Service.

Tawm Qauv los ntawm Emily Harris.
Lub ntsiab lus tseem ceeb teev nyob hauv Horley Old Style MT Std.
Typeface yog Monotype Typography ua tus muab.
Cov duab hauv phau ntawv no tau tsim nrog kev sib xyaw ua ke ntawm cov khoom nruab nrab, suav nrog
tus xaum kos thiab xim dej, thiab cov xov xwm dis cis tauj, suav nrog Adobe Photoshop thiab Procreate.

Library of Congress Cataloging-in-Publication Data

The Cataloging-in-Publication Data for the English version of *From the Tops of the Trees* is on file at the
    Library of Congress.
ISBN 978-1-5415-8130-2 (lib. bdg.)
ISBN 978-1-7284-3058-4 (eb pdf)

LC record available at https://lccn.loc.gov/2020049356
LC ebook record available at https://lccn.loc.gov/2020049357

Tsim tawm hauv Teb Chaws Meskas
1-1009127-51603-3/6/2023

PUAG SAUM COV NTSIS NTOO

KAO KALIA YANG

TAU COV DUAB LOS NTAWM **RACHEL WADA**

🌿 Carolrhoda Books • Minneapolis

Lub Yeej Thoj Nam Tawg Rog Vib Nais, Thaib Teb, 1985

Thaum lub hnub ntseg nyob puag saum ntuj, cov nplooj ntoo ntawm peb tsob ntoo uas peb nyiam tshaj ntxoov txias zias yam lub kaus roos peb cov viv ncaus ua si nyob hauv qab.

"Tsuag tsuag!"

Maiv pov ib thooj mov rau hauv av. Ntxawm nrog cov qaib hauv vaj sib huas dhev. Ib tug lau qaib do hau uas cov plaub ko tw dub dub huas tau ua ntej lawm. Nws lub ntsej muag ntshaus ntsho thiab nws tshaib plab heev ua rau kev lom zem ploj ntais lawm.

Kuv co tes kom tus Dev Tsov Ntxhuav thiab tus Dev Jackie
Chan txav los ze zog. Kuv tuav nkaus tus Dev Tsov Ntxhuav
caj dab thiab nce mus rau saum nws nrob qaum. Kuv muab
kuv ob txhais ceg me me los khawm nkaus nws ob sab tav kom
kuv tsis txhob poob thaum nws mus kev. Kuv mloog li kuv
xaub zuj zus ntawm nws nrob qaum, tiam sis kuv tsis ntshai.
Kuv txiv txais nkaus kuv tam sim ntawd.

Kuv txiv tsawv nkaus kuv ua paj paws siab
zus siab zus. Kuv qw ib suab.

Kuv txiv hais tias,
"Yog leej twg ntog,
koj yuav tau tsa nws
thiab txhawb nws
kom nws lub zog loj!"

Muaj ib hmos uas cua hlob thiab los nag loj heev, peb sawv los pom txiv ntoo poob pawg lug rau hauv av. Hauv qab ntoos, Ntxawm wb nkag xawb cov txiv ntoo ua tseem zoo noj.

Wb paub tias yog noj ntau dhau, yuav mob plab thiab wb niam yuav tshev heev. Yog noj ib ob lub xwb, wb mam ua txuj tias yog qhob noom qab zib uas tshwj xeeb heev.

Thaum ntsiag to, peb hnov cov niam tsev ke xaws paj ntaub thiab ke tham txog kev khiav tsov khiav rog. Lawv tham txog thaum lawv hla tu dej los mus rau Thaib Teb. Lawv ho tham txog Thaib tsis xav yuav cov Hmoob thoj nam tawg rog nyob hauv lawv lub teb chaws. Lawv ntshai rov mus lawv lub qub teb chaws. Lawv ho ntshai tawm mus nyob ib lub teb chaws tshiab. Cov laus tham txog kev khiav tsov khiav rog, ces lawv rov ntshai npaum li thaum lub teb chaws tseem ua rog.

Tav su ntawd kuv nug kuv txiv txog kev khiav tsov rog, ces nws hais, "Tsis txhob ntshai lawm os."

Nws rub zog kuv txhais tes me me rau hauv nws lub xib teg dav dav, ces nws qhia kuv, "Saib koj txhais tes." Nws taw rau kuv cov ntsis ntiv taw, ces nws hais, "Saib koj ob txhais ko taw."

Nws hais, "Koj ob txhais tes thiab ob txhais ko taw yuav coj koj mus deb deb nrhiav kev thaj yeeb."

Nws lub ntsej muag tseeb npaum li nws lo lus hais, yog li kuv thiaj teb, "Yog los mas."

Hnub no yog hnub faib khoom noj. Txhua lub lim tiam, ib lub
tsheb loj loj thauj khoom tuaj rau hauv plawv zos ze peb nyob. Cov
tub rog Thaib faib txhua tsev neeg zaub mov kom kav peb hnub.
Lawv qhia tias lawv siv "Humane Deterrence Policy" kom txhob
cia Hmoob nkag tuaj rau lub teb chaws ntxiv lawm. Kuv tsis nkag
siab lawv hais dab tsi, tiam sis kuv ua li cov laus ua ces kuv co taub
hau li kuv paub kawg.

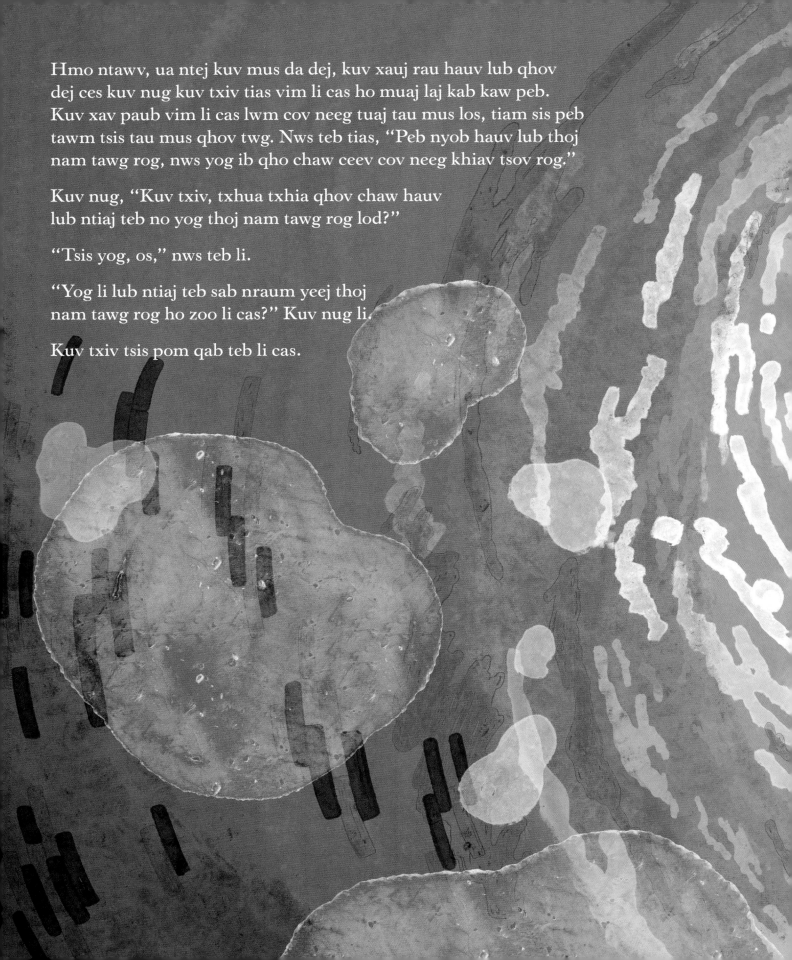

Hmo ntawv, ua ntej kuv mus da dej, kuv xauj rau hauv lub qhov dej ces kuv nug kuv txiv tias vim li cas ho muaj laj kab kaw peb. Kuv xav paub vim li cas lwm cov neeg tuaj tau mus los, tiam sis peb tawm tsis tau mus qhov twg. Nws teb tias, "Peb nyob hauv lub thoj nam tawg rog, nws yog ib qho chaw ceev cov neeg khiav tsov rog."

Kuv nug, "Kuv txiv, txhua txhia qhov chaw hauv lub ntiaj teb no yog thoj nam tawg rog lod?"

"Tsis yog, os," nws teb li.

"Yog li lub ntiaj teb sab nraum yeej thoj nam tawg rog ho zoo li cas?" Kuv nug li.

Kuv txiv tsis pom qab teb li cas.

Hnub tom qab, thaum Maiv, Ntxawm, thiab
kuv tseem ua si hauv qab ntoos, kuv txiv los txog
ntawm kuv niam thiab cov niam tsev zaum xaws
paj ntaub. Kuv hnov nws hais, "Tswb, koj mus
muab Kab Lia cev tiab rau nws hnav thiab muab
nws lub kaus mom rau nws ntoo."

Kuv niam ib txwm tsis pub kuv hnav li tsuas pub
thaum yees duab xwb.

Nkawv lub suab ntsiag zog. Ces, kuv niam co co
taub hau, muab nws daim paj ntaub cia, ces nws
sawv tsees. Nws yoj tes kom kuv lawv nws qab.

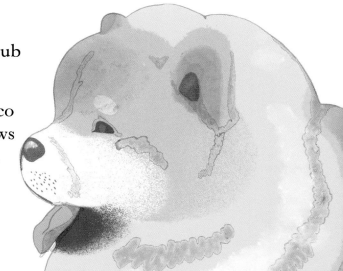

Hauv peb lub tsev, ntawm qhov chaw peb pw saum lub txaj
xyoob uas pua ib daim pam, kuv niam qhib lub thawv ntim peb
cov khaub ncaws zoo zoo. Nws muab cev tiab thiab lub kaus mom
thau los. Nws kuj thau txiv lub tsho zoo nkauj thiab lub ris. Niam
pab kuv hle kuv lub tsho thiab ris luv uas niaj hnub hnav. Nws
siv lub tsho so kuv ces nws hais kom kuv tsa kuv ob txhais tes rau
saum taub hau.

Kuv hnov cov ntaub ntaug leev txias zias puab kuv cev. Niam khawm ib lub khawm zuj zus nraum kuv nrob qaum, ua rau kuv hnov yam zoo li kuv zoo nkauj lawm hov ntau. Niam ntsis kuv cov plaub hau ua ntej nws muab lub kaus mom kuv ntoo. Nws ntsia kuv ces nws co taub hau luag nyav yam zoo siab hlo.

Kuv txiv nyob nraum zoov tos wb, tuav rawv lub
koob yees duab uas nws qiv los. Thaum wb tawm
tuaj nws muab lub koob yees duab cev rau kuv niam.

"Kuv mus hloov khaub ncaws tso," nws hais li.

Thaum wb hnav tau cov khaub ncaws zoo zoo lawm,
kuv txiv coj kuv mus ntawm tsob ntoo uas siab tshaj
plaws hauv lub yeej thoj nam. Nws hais kom kuv qi
qhov muag thiab khawm nws caj dab ruaj ruaj, tsis
txhob tso tes li. Maiv thiab Ntxawm nyob hauv qab
ntoos pos qhov ncauj ntsia ntsoov wb. Hos cov phauj
nyob ntawm qhov ntxoov ntxoo tso pluav yam lawv
ua tseg ntsia tuaj seb wb ua dab tsi.

Kuv pib tshee thaum kuv hnov kuv txiv nce tsob ntoo siab. Kuv khawm nws ruaj ruaj, tshaj qhov thaum kuv khawm tus Dev Tsov Ntxhuav los sis tus Dev Jackie Chan. Kuv hnov kuv daim tawv muag laim laim yam li kuv lub plawv nrhia.

Nce mus ib pliag, kuv txiv npleem me ntsis ces kuv niam qw hauv qab ntoos tuaj, tab sis kuv tsis tso tes thiab kuv tsis qhib qhov muag li.

Txog kiag thaum kuv txiv hais tias, "Saib seb.
Lub ntiaj teb tseem loj tshaj qhov chaw no,"
uas kuv mam rua hlo qhov muag.

Kuv nyob siab tshaj txhua txhia qhov chaw kuv tau mus txog. Cua tuaj ntxiag ua cov nplooj ntoos laim txias, kuv ib ce tshee hnyo. Kuv txiv hais tias, "Tsis txhob ntshai."

Kuv ntsia saum lub ntuj. Kuv pom cov noog ya siab siab. Kuv ntsia mus rau hauv av, pom kuv niam. Nws twb khiav ntawm qab ntoos mus rau pem tsev lawj xyoob. Nyob ntawd nws tuav lub koob yees duab tsom tuaj ntawm wb. Kuv pom Ntxawm thiab Maiv. Tus Dev Tsov Ntxhuav thiab tus Dev Jackie Chan co co tw, ntsia tuaj ntawm wb thiab. Pom lawv me me nyob puag hauv.

Kuv ntsia ntawm cov tsev peb nyob mus rau tom lub qhov dej, rau tim lub tiaj uas peb mus nqa cov khoom lawv faib, ces dhau lub yeej thoj nam mus txog rau thaum kuv tig mus ntsia cov roob siab nyob deb deb uas ncav lub ntuj ntsuab xiab. Muaj dab tsi nyob tim sab roob nraud?

Rov qab muaj ib nthwv cua tuaj
txias zias, tiam sis kuv tsis tshee.

"Txiv, lub ntiaj teb loj ua luaj," kuv hais li.

Kuv txiv teb, "Yog, lawm." Nws hais zoo zoo tias, "Muaj ib hnub twg kuv tus me ntxhais yuav mus deb deb kom thoob lub ntiaj teb, txog tej chaw nws txiv tsis tau mus txog dua."

Kuv txiv hais kom kuv luag nyav ntsia lub koob yees duab, tiam sis kuv ua tsis tau li ntawd, vim ziag no kuv paub tias lub ntiaj teb loj tshaj txhua tsav txhua yam uas kuv xav lawm. Kuv ob txhais me ceg yuav coj kuv mus deb li deb tau.

Zaj Cev Lus Ntawm Tus Neeg Sau

Kuv yug nyob rau xeev Loei sab qaum teb uas tawm ntawm lub yeej thoj nam tawg rog Vib Nais, Thaib Teb, thaum lub 12 hlis yav sawv ntxov uas no ntxiag. Kuv muaj plaub xyoos thaum kuv txiv coj kuv mus nce puag saum tsob ntoo siab ntawd. Peb thiaj li tis npe rau daim duab uas kuv niam yees wb ntawd hu ua *Puag Saum Cov Ntsis Ntoo*. Txij thaum ntawv los, kuv thov kom kuv txiv coj kuv mus ntsia lub ntiaj teb ntsia tag los ntsia thiab. Nws nug, "Yam koj nyiam tshaj puag saum cov ntsis ntoo yog dab tsi?" Txhua zaus, kuv teb tias, "Txhua tus kuv hlub thiab txhua yam kuv xav nco txog thaum peb ncaim qhov chaw no lawm."

Thaum kuv muaj rau xyoo, kuv tsev neeg tau ncaim lub yeej thoj nam tawg rog, hla niam dej hiav txwv, mus ua lub neej tshiab. Puag saum cov ntsis ntoo ntawm kuv txiv ob txhais npab kuv ntsia lawm ib ntsuas muag mus tsis thoob. Tsis yog kuv ob txhais me ceg coj kuv mus xwb, tiam sis yog cov tsheb npav, cov dav hlau thiab kuv txiv ob txhais npab thiab tag nrho kuv tsev neeg uas thiaj kuv thaum kuv qaug zog. Ces, tos kuv nco, ob txhais me ceg ntawd ntev thiab muaj zog zuj zus—thiab raws li qhov kuv txiv ntseeg, kuv ob txhais ceg yeej coj kuv mus deb tshaj qhov txiv xav tau.

Hauv kuv txoj kev xav, kuv twb coj txiv mus txog txhua qhov chaw ua kuv mus txog: cov tsev kawm ntawv nyob deb deb hauv tej nroog, cov tsev so nyob tej lub zos txawv txawv, thiab nce toj roob hauv pes uas muaj daus thawm niaj thawm xyoo. Yog hais tias koj muab ib rab koob nkaug lub ntiaj teb los ntawm qhov chaw tshav kub kub uas yug kuv tshab rau ntawm qhov kuv nyob tam sim no: ib tug kws sau ntawv uas ncig qhov txhia chaw thiab kawm tias lub ntiaj teb no loj npaum li cas. Kuv yees duab tso hauv nruab plawv rau kuv txiv.

Ziag no, Maiv thiab Ntxawm thiab kuv, peb loj hlob lawm. Peb sawv daws puav leej yog niam lawm. Peb tag nrho muaj me tub me nyuam uas peb ntseeg tau hais tias muaj ib hnub twg lawv yuav pom lub ntiaj teb loj thiab dav npaum li cas tiag, thiab lawv yuav mus txog tej chaw uas peb tsis tau mus txog dua.

Chue tawm suab tias CHEW. Nws txhais tias yog *lub tswb* thiab tuaj yeem siv los tis npe rau me nyuam tub los sis me nyuam ntxhais.

Kalia yog tawm suab hais tias kah-LEE-uh. Nws hais txog qhov hmlos ntawm sab plhu thaum luag nyav.

Hmong tawm suab tias MOHNG. Lo lus no hais txog cov neeg, ib haiv neeg tsawg, los ntawm Esxias, sab qab teb hnub tuaj. Xyoo 1975 los, haiv neeg Hmoob pib tuaj rau teb chaws Asmesliskas tam li yog neeg thoj nam tawg rog.

Mai yog tawm suab hais tias MY. Nws yog lub npe siv heev rau cov ntxhais, nws txhais tau tias yog ib tug ntxhais los sis hluas nkauj.

Yer yog tawm suab tias TZER. Nws yog ib lub npe uas muab rau tus ntxhais tom kawg thiab siv ua lus hlub tshua.

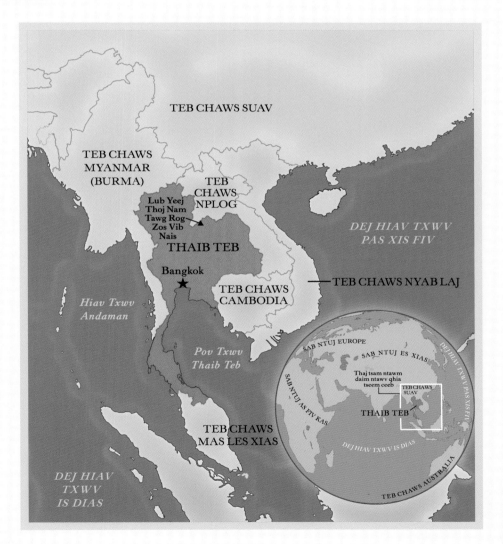